INVENTAIRE
VA5684

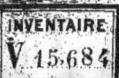

COURS
THÉORIQUE ET PRATIQUE
DE DESSIN LINÉAIRE
LAVIS ET ORNEMENT

À L'USAGE DES ÉTABLISSEMENTS D'INSTRUCTION PRIMAIRE ET SECONDAIRE,

Par A. Le Bealle,

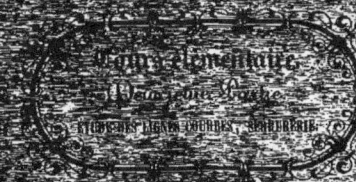

PARIS.

IMPRIMERIE ET LIBRAIRIE CLASSIQUES DE JULES DELALAIN,

COURS

THÉORIQUE ET PRATIQUE

DE DESSIN LINÉAIRE

LAVIS ET ORNEMENT

Par A. Le Béalle,

ANCIEN ÉLÈVE—MAITRE A L'ÉCOLE NORMALE DE VERSAILLES, PRÉPARATEUR A L'ÉCOLE CENTRALE DES ARTS ET MANUFACTURES.

Ouvrage autorisé par le Conseil de l'Instruction publique pour les écoles primaires, les classes d'adultes et les écoles normales.

TROISIÈME ÉDITION

REVUE ET AUGMENTÉE.

Cours élémentaire.
Deuxième Partie.
ÉTUDE DES LIGNES COURBES, SERRURERIE.

PARIS.

IMPRIMERIE ET LIBRAIRIE CLASSIQUES DE JULES DELALAIN,

IMPRIMEUR DE L'UNIVERSITÉ, RUES DE SORBONNE ET DES MATHURINS.

1851

TABLE DES MATIÈRES.

TEXTE (AVEC FIGURES).

CIRCONFÉRENCE.

	Nos d'ordre.
Définitions. — Droites dans la circonférence. . . .	1 à 11
Mesure de la circonférence.	12
Rapports des circonférences entre elles : concentriques, sécantes, tangentes.	13 à 16
Tracé des circonférences et des arcs par trois points donnés, etc.	17 à 22

DIVISIONS DE LA CIRCONFÉRENCE.

Grades, — *Degrés,* — Mesure des angles . . .	23 à 31
Division de la circonférence en parties égales : par les moyens géométriques; — par le rapporteur; — par les cordes.	32 à 38

CERCLES GÉOGRAPHIQUES.

Définitions. — Équateur, — Méridiens, — Pôles. — Grades terrestres, leur valeur en kilomètres. . .	39 à 45
Tracé. — Par la projection des équidistances; — par la projection stéréographique, etc.	46 à 50

OVALES.

	Nos d'ordre.
Définitions. — Axes; — arcs raccordés; — centres; — anse de panier	51 à 53
Mesure des ovales.	54 à 58
Tracé.	59 à 63

ELLIPSE.

Définitions. — Axes; — foyers; — moyens de déterminer l'ellipse; — tracé graphique.	64 à 71
Tracé.	72 à 74
Mesure de l'ellipse.	75

RACCORDEMENT DES LIGNES.

Définitions. — Spirale; — compas à pompe; — pistolet	76 à 82
Tracé de la spirale à 2 ou à 4 centres	83 et 84
Raccordement des arcs entre eux.	85 et 86
Raccordement des arcs avec des droites. . . .	87

PLANCHES.

	Planches.
Balcons en fer.	1
Panneaux à jour.	2
Grille de l'École de Médecine (Paris).	3
Grille de parc.	4
Pavillon.	5
Porte cochère.	6
Rampes en fer.	7

	Planches.
Ornements de grilles.	8
Marqueterie. — Mosaïques.	9 et 10
Édifices.	11 et 12
Ponts en fonte; — en fer.	13
Fontaines	14
Portail et fenêtres gothiques.	15
Fenêtre de la sacristie de Notre-Dame (Paris). . .	16

OBSERVATIONS.

Toutes les planches de cette partie seront reproduites d'après les dimensions cotées sur chacune d'elles; chaque dessin occupera une demi-feuille grand raisin, sauf ceux des planches 15 et 16 qui occuperont une feuille entière.

Il faut toujours commencer un dessin : 1° par la construction du cadre, qui doit avoir pour les dessins de cette partie : 26 millimètres de largeur sur 40 millimètres de hauteur. (Consulter, dans la 1re partie, les nos de 22 à 36.)

NOTA. Le double décimètre, par son trop peu de longueur, exige de fréquents déplacements pour le pointé des mesures successives; de plus, la numération n'est ordinairement cotée que dans un sens, ce qui embarrasse souvent l'élève, surtout dans la construction des figures symétriques. Pour remédier à ces inconvénients, nous avons fait fabriquer des TRIPLES DÉCIMÈTRES à trois numérations :

L'un des biseaux porte une numération symétrique, colorée en rouge; le 0, point de départ, est au milieu; les cotes sont disposées ainsi :
15...14..........3...2...1...0...1...2...3..........14...15.

L'autre biseau porte deux numérations continues, colorées en noir :
la première va de gauche à droite :
0....1....2....3.............28....29...30;
la seconde va de droite à gauche :
30....29....28.............3....2....1....0.

Nous nous chargeons de fournir ces TRIPLES DÉCIMÈTRES, les INSTRUMENTS DE MATHÉMATIQUES, les couleurs nécessaires au dessin linéaire, et en un mot tous les objets dont le choix est souvent une difficulté pour les professeurs ou les élèves.

A. LE BÉALLE, rue des Saints-Pères, 59.

CIRCONFÉRENCE.

DÉFINITIONS.

1. — La LIGNE COURBE est celle dont tous les points ne sont pas dans la même direction. — Une courbe est : *régulière* lorsqu'elle peut être déterminée par un certain nombre de points, 3 au moins ; *irrégulière* dans les autres cas.

2. — Les lignes courbes régulières sont : la *circonférence,* — l'*ovale,* — l'*ellipse,* — l'*hélice,* — la *parabole,* — l'*hyperbole* (pour ces 3 dernières Voir 4ᵉ Partie, Solides).

3. — La CIRCONFÉRENCE est une courbe décrite d'un point nommé *centre* (A, Fig. 1), dont les deux extrémités se raccordent, et dont tous les points sont équidistants du centre. — Une circonférence est déterminée par trois points non en ligne droite, (A, B, C, Fig. 2).

4. — Un ARC est une partie de circonférence ; il est dit *intercepté* entre deux droites, lorsqu'il est limité par ces droites. — Deux arcs (BF, CG, Fig. 1), interceptés entre deux parallèles, sont égaux entre eux.

5. — La droite, dans ses rapports avec la circonférence, prend différents noms, savoir (Fig. 1) :

6. — 1° DIAMÈTRE, BC, quand, passant par le centre, ses extrémités sont deux points de la circonférence. — Tous les diamètres d'une même circonférence sont égaux entre eux. — Le diamètre divise la circonférence en deux parties égales ; c'est la plus grande droite comprise dans la circonférence.

7. — 2° RAYON, BA ou CA, quand une extrémité est au centre et l'autre à la circonférence ; c'est un demi-diamètre ;

8. — 3° CORDE, FG, quand, sans passer par le centre, ses extrémités sont deux points de la circonférence. — Dans une circonférence toute corde est plus courte qu'un diamètre ; — toute corde divise la circonférence en deux arcs inégaux dont le plus petit est dit *soutendu* par cette corde ;

9. — 4° FLÈCHE, HD, lorsque les extrémités sont l'une au milieu d'une corde, l'autre au milieu de l'arc soutendu par cette corde. — La flèche est perpendiculaire à la corde ;

10. — 5° SÉCANTE, IJ, lorsqu'elle coupe la circonférence en deux points ; c'est une corde prolongée ;

11. — 6° TANGENTE, LM, lorsqu'elle touche la circonférence en un seul point. — Toute tangente est perpendiculaire à l'extrémité du rayon mené par son point de contact.

12. — La mesure linéaire de la circonférence ne peut être exactement obtenue par le calcul ; les rapports les plus approximatifs sont : *Multiplier le diamètre par 22 et diviser le produit par 7* (D × 22 : 7) ; le quotient donne le développement en ligne droite de la circonférence ;
ou : *Multiplier le diamètre par 3,1416* ; ce dernier rapport est plus exact.

TRACÉ.

13. — Dans leurs rapports entre elles, les circonférences prennent les noms de *concentriques,* — *sécantes,* — *tangentes.*

14. — 1° CONCENTRIQUES (Fig. 3), lorsqu'elles ont un centre commun et des rayons différents ;

15. — 2° SÉCANTES (Fig. 4), lorsqu'elles se coupent en deux points. — La droite AB, menée par les centres de deux circonférences sécantes, est perpendiculaire au milieu de la corde IJ, menée par les deux points d'intersection, et par conséquent divise en deux parties égales les deux arcs soutendus par cette corde (Voir n° 8) ;

16. — 3° TANGENTES (Fig. 5), lorsqu'elles ne se touchent qu'en un point. — La distance entre les centres de deux circonférences tangentes est égale : soit à la *somme de leurs rayons* (AE + EC = AC), lorsqu'elles sont tangentes extérieurement ; soit à la *différence de leurs rayons* (AE − DG = AD), lorsqu'elles sont tangentes à l'intérieur de l'une d'elles. — Les deux centres et le point de contact sont sur une même ligne droite.

17. — Fig. 1 : — *Par un point E, mener une tangente à la circonférence* A :

Mener le rayon AE, et LM perpendiculaire à l'extrémité E de ce rayon.

18. — Fig. 2 : — *Décrire la circonférence déterminée par les trois points A, B, C, donnés non en ligne droite* :

Mener les droites AB, BC, et les droites ED, FD, perpendiculaires au milieu de AB, BC ; le point d'intersection D est le centre de la circonférence qui passe par les trois points donnés.

19. — *Trouver le centre d'une circonférence ou d'un arc* :

Prendre 3 points sur la circonférence ou sur l'arc donné, et opérer comme au n° 18.

20. — Fig. 5 : — *Tracer deux circonférences tangentes intérieurement à l'une d'elles, les rayons étant de :* 20 millim. — 14 millim. :

Sur le rayon AG de la plus grande, pointer, à 6 *millim.* du centre A, le centre D de la plus petite.

21. — Fig. 5 : — *Tracer deux circonférences tangentes extérieurement, les rayons étant de :* 20 millim. — 15 millim :

1° Tracer une droite indéfinie ; — 2° prendre sur cette droite le centre A à 20 *millim.*, et le centre B à 15 *millim.* du point E qui sera le point de contact.

22. — Fig. 5 : — *Tracer trois circonférences tangentes extérieurement, les rayons étant de* : 20 millim. — 15 millim. — 10 millim. :

1° Pour les circonférences A et C, opérer comme n° 21 ; — 2° du point A, et d'un rayon de 30 *millim.* (20 + 10), décrire un arc en B ; — 3° du point C, et d'un rayon de 25 *millim.* (15 + 10), décrire un autre arc en B dont l'intersection avec le premier détermine le centre de la troisième circonférence.

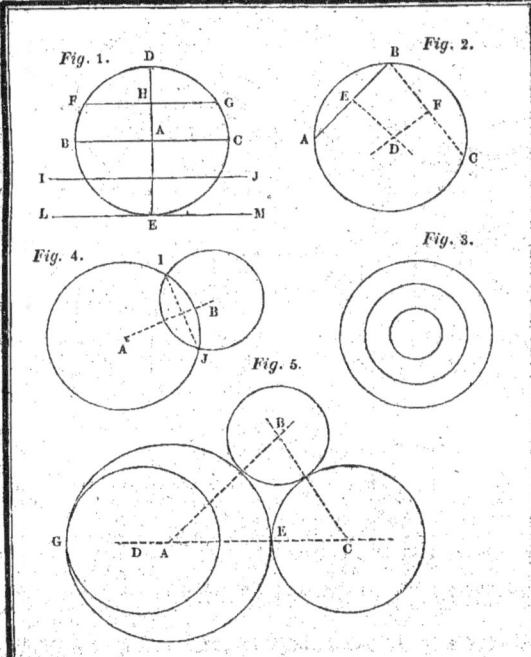

Fig. 1. Fig. 2. Fig. 3. Fig. 4. Fig. 5.

DIVISION DE LA CIRCONFÉRENCE.

DIVISION EN GRADES.

23. — Pour mesurer les angles, on a divisé la circonférence en 400 parties égales nommées GRADES ; — le grade, ainsi que toutes les unités du système métrique, se divise en dixièmes, centièmes, etc. — Pour indiquer qu'un nombre représente des grades, on place à sa droite un peu au-dessus un (°), puis une virgule pour séparer les entiers des décimales que l'on représente par un zéro s'il n'y en a pas : ainsi 25°,0 se lit vingt-cinq grades ; et 32°,50, trente-deux grades cinq dixièmes, ou cinquante centièmes.

24. — Dans l'ancien système, la circonférence était divisée en 360 degrés ; le degré en 60 minutes ; la minute en 60 secondes. L'habitude, jointe à quelques avantages plus apparents que réels, a fait, pour les travaux scientifiques, conserver cette division qui est loin d'être aussi commode que la nouvelle, surtout en géographie. (Voir page 5, n°s de 39 à 42.)

25. — Deux diamètres (AB, CD, Fig. 1), perpendiculaires entre eux, forment quatre angles droits, et divisent la circonférence en 4 parties égales.

26. — Tout angle qui a son sommet au centre de la circonférence, a pour mesure le nombre de grades de l'arc intercepté entre ses côtés ; — réciproquement, tout arc a pour mesure le nombre de grades de l'angle au centre dont les côtés le limitent.

27. — L'angle droit, interceptant un quart de circonférence, a 100°,0 ; — tout angle de moins de 100°,0 est un *angle aigu* ; — tout angle de plus de 100°,0 est un *angle obtus*.

28. — Dans une même circonférence, les arcs égaux sont soutendus par des cordes égales. — Un arc est d'autant plus grand qu'il est soutenu par une plus grande corde ; et réciproquement.

29. — LE RAPPORTEUR (Fig. 5), instrument qui sert à mesurer pratiquement les arcs et les angles, est une feuille de corne transparente, en forme de demi-circonférence, divisée en 200 parties égales ; chacune de ces parties est un grade.

30. — *Pour mesurer un angle* (AOC, Fig. 5), *avec le rapporteur* :

Placer le diamètre BC du rapporteur sur l'un des côtés OC de l'angle, son centre sur le sommet O ; — le nombre de grades interceptés entre les deux côtés de l'angle, donne sa mesure.

31. — Les nombres inscrits sur le rapporteur cotent les grades de 10 en 10, à partir de chaque extrémité de son diamètre ; ces deux numérations se rencontrent à 100, nombre placé à l'extrémité du rayon perpendiculaire au diamètre. — Sur la figure, les grades ne sont indiqués que de 5 en 5, sauf pour la première dizaine à gauche, où elles sont tracées de grade en grade comme elles le sont partout sur le rapporteur.

DIVISION EN PARTIES ÉGALES.

32. — EN 4, *Fig.* 1 : — mener deux diamètres AB, CD, perpendiculaires entre eux.

EN 8 : — de chacun des points A, B, C, tracer des arcs, et mener des droites par leurs intersections et le centre.

33. — EN 6, *Fig.* 2 : — 1° mener un diamètre AB ; — 2° de chacune de ses extrémités, et d'un rayon égal à celui de la circonférence, décrire deux arcs qui la coupent l'un à droite, l'autre à gauche du diamètre ; — 3° joindre ces divisions 2 à 2 par des diamètres.

EN 3 : — prendre deux des arcs de la division par 6.

EN 12 : — 1° mener deux diamètres AB, CD, perpendiculaires entre eux ; — 2° de chacune de leurs extrémités, et d'un rayon égal à celui de la circonférence, décrire deux arcs qui la coupent l'un à droite, l'autre à gauche.

34. — *Une division en nombre impair étant effectuée*, soit en 5 (Fig. 3), *pour obtenir une division double*, ici en 10 :

Par chaque point donné, A, B, C, D, E, mener un diamètre.

35. — La géométrie donne encore d'autres procédés de division ; mais leur théorie présentant trop de complication pour la mémoire, et leur emploi trop de difficultés pour la pratique, nous ne les donnons pas ici.

36. — *On peut obtenir toutes les divisions de la circonférence en employant le rapporteur* ; soit à diviser en 10 (Fig. 3) :

1° Chercher le nombre de grades de la 10° partie de la circonférence (400 : 10 = 40) ; — 2° placer le centre du rapporteur sur celui de la circonférence, et pointer de 40 en 40 grades ; — 3° par chaque point et le centre de la circonférence mener des droites.

NOTA : comme il n'est pas utile que ces points de division se trouvent sur la circonférence à diviser, les plus grands rapporteurs doivent être préférés comme donnant plus d'exactitude à l'opération.

37. — Enfin *on peut effectuer toutes les divisions à l'aide des cordes*.

Le rayon étant supposé de 100 millim., on a calculé le nombre de millim. et dixièmes de millim. qu'aurait la corde d'un angle, depuis 1 jusqu'à 100 grades. Cette série de calculs forme la table des cordes. (Voir 3° Partie, n°s de 76 à 81.)

38. — *Par l'emploi des cordes* : *soit à diviser une circonférence* (Fig. 4) en 7 parties égales :

1° D'un rayon de 100 millim. décrire une circonférence concentrique à celle donnée ; — 2° d'un rayon de 86 millim. 6 dixièmes (corde de la 7° partie de la circonférence), opérer la division de la circonférence extérieure ; — 3° par ces points de division et le centre commun, mener des droites qui divisent la circonférence intérieure.

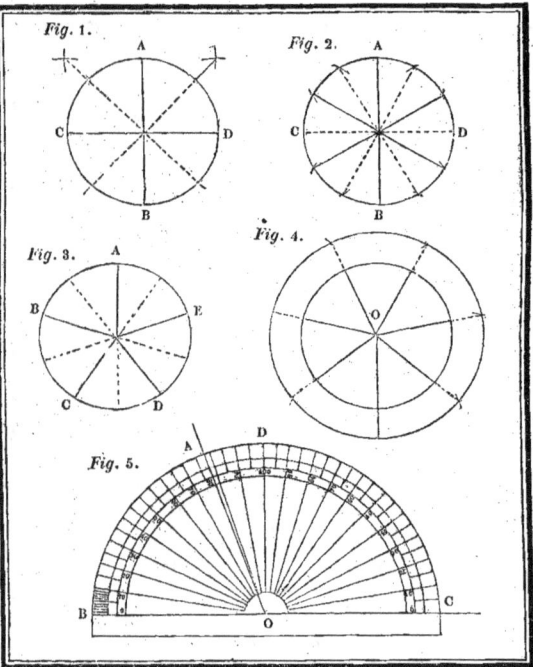

Fig. 1. Fig. 2. Fig. 3. Fig. 4. Fig. 5.

CERCLES GÉOGRAPHIQUES.

DÉFINITIONS.

39. — Les CERCLES GÉOGRAPHIQUES sont des lignes que l'on suppose *tracées* à la surface de la terre, et que l'on *trace* sur les cartes géographiques, pour déterminer les positions respectives des différents points du globe.

40. — La terre a la forme d'une boule; comme on ne peut embrasser d'un coup d'œil que la moitié d'une boule, on représente la surface de la terre à l'intérieur de deux circonférences.

41. — Le *diamètre horizontal* AB (Fig. 1) représente la moitié d'une circonférence nommée ÉQUATEUR; — le *diamètre vertical*, CD, représente la moitié d'une autre circonférence appelée MÉRIDIEN; la circonférence représente un *méridien entier*, divisé en 4 arcs égaux par les deux diamètres.

42. — Le *méridien* ayant 40 millions de mètres, en le divisant en 400 parties égales que l'on nomme GRADES TERRESTRES, chaque grade est de 100 kilomètres; chaque dixième, de 10 kilomètres; chaque centième, de 1 kilomètre. — En divisant les diamètres AB, CD, chacun en 200 parties égales, ces parties représentent aussi des grades, puisque ces diamètres représentent des demi-circonférences. (Dans les Fig. 1 et 2, les divisions sont de 20 en 20 grades.)

43. — Les arcs tels que EFG (Fig. 1), menés par trois divisions correspondantes E,F,G, représentent des demi-circonférences dont tous les points sont équidistants des points correspondants du diamètre horizontal AB (Équateur); on donne à ces circonférences le nom de PARALLÈLES. La distance entre deux circonférences parallèles consécutives est ici de 20 grades terrestres.

44. — Les arcs menés par chaque division du diamètre horizontal (Équateur) et par les extrémités C, D (Pôles) du diamètre vertical (Méridien), représentent des demi-circonférences qui sont aussi des demi-méridiens. — La distance entre deux de ces arcs consécutifs est ici de 20 grades terrestres sur l'équateur. Cette distance entre deux méridiens est de 100 kilomètres et 150 mètres par grade sur l'équateur, cette circonférence étant de 60 kilomètres plus grande que les méridiens à cause du renflement de la terre à cet endroit; elle diminue progressivement à l'approche des pôles où elle est nulle, puisque tous les méridiens s'y coupent.

45. — Cet aperçu rend facile à comprendre quel est l'avantage de la division de la circonférence en 400 grades, sur la division en 360 degrés, pour le calcul des distances sur les cartes géographiques.

TRACÉ.

46. — Le tracé des cercles géographiques s'effectue de plusieurs manières que l'on nomme PROJECTIONS GÉOGRAPHIQUES. — Les deux principales sont celle des *équidistances*, et celle dite *stéréographique*.

47. — La méthode des projections par ÉQUIDISTANCES (Fig. 1) est la plus simple de toutes; *pour obtenir par cette méthode les trois points nécessaires au tracé de chaque arc* (Fig. 1) :

Diviser en 5 parties égales chacun des quarts de circonférence, ainsi que chacun des demi-diamètres. — La division s'effectuerait en 10 parties égales, si l'on voulait tracer les méridiens et les parallèles de 10 en 10 grades; ou en 20, pour le tracé de 5 en 5 grades.

48. — La seconde méthode, PROJECTIONS STÉRÉOGRAPHIQUES, est peut-être plus usitée; elle a pour avantage de conserver approximativement, pour chaque région, le rapport de sa longueur à sa largeur; mais elle a le double inconvénient : 1° de changer considérablement le rapport de surface des régions entre elles; 2° d'être entièrement contraire aux projections géométriques, ainsi qu'à la perspective qui fait diminuer les dimensions au fur et à mesure de l'éloignement des objets. — *Pour obtenir par cette méthode les trois points nécessaires au tracé de chaque arc* :

1° *Pour les divisions de la circonférence* : diviser chacun des quarts en 5 parties égales (voir n° 47);

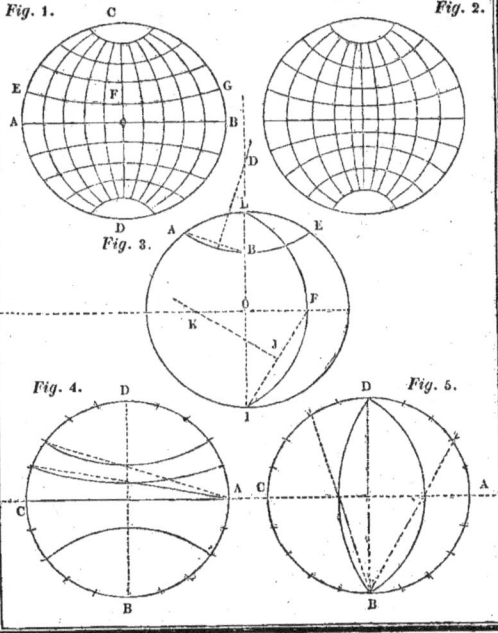

2° *Pour les divisions du diamètre vertical* (Fig. 4) : par l'une des extrémités A du diamètre horizontal, et chacun des points de division de la demi-circonférence BCD, mener des droites, dont les intersections avec le diamètre vertical sont ses divisions;

3° *Pour les divisions du diamètre horizontal* (Fig. 5) : par l'une des extrémités B du diamètre vertical, et chacun des points de division de la demi-circonférence ADC, mener des droites, dont les intersections avec le diamètre horizontal sont ses divisions.

49. — *Les trois points qui déterminent chaque arc étant trouvés, pour obtenir leurs centres* (Fig. 3) :

1° *Pour les parallèles* : — de chaque point de division A d'un quart de circonférence, à la division correspondante B du rayon OL, mener une droite; sur le milieu de cette droite; élever une perpendiculaire dont l'intersection D avec le diamètre vertical prolongé donne le centre de l'arc ABE;

2° *Pour les méridiens* : — mener une droite IF, d'une extrémité I du diamètre vertical à chaque division F du diamètre horizontal; sur le milieu de cette droite, élever une perpendiculaire JK, dont l'intersection K avec le diamètre horizontal, prolongé au besoin, détermine le centre de l'arc IFL.

50. — Lorsque le rayon d'un arc est trop grand pour le tracé au compas, on se sert d'une règle ployante que l'on cintre avec une ficelle attachée à ses extrémités, jusqu'à ce qu'elle passe par les trois points qui déterminent l'arc à tracer.

OVALES.

DÉFINITIONS.

54. — L'ovale est une courbe composée de quatre arcs raccordés deux à deux, et ne présentant aucune interruption. Les arcs sont décrits de *quatre centres différents.* — Il est *régulier* (Fig. 1, 2, 3), lorsque les quatre arcs sont égaux deux à deux; — *irrégulier* (Fig. 4), lorsque deux seulement des arcs sont égaux entre eux; il représente assez bien le contour de la figure humaine.

52. — Les axes de l'ovale (AB, CD, Fig. 1) que l'on nomme aussi *diamètres*, sont deux droites perpendiculaires entre elles, et qui parcourent : l'une CD, *la plus grande longueur* de l'ovale; l'autre AB, *sa plus grande largeur.* Les axes sont perpendiculaires entre eux, et dans l'ovale régulier se coupent réciproquement en parties égales.

53. — L'anse de panier est une courbe formée de trois arcs dont deux sont égaux entre eux, et raccordés chacun à l'une des extrémités du troisième. — L'anse de panier est un *demi-ovale régulier.* — La distance qui sépare les deux extrémités non raccordées est égale à l'un des axes. L'anse de panier est employée dans la construction des voûtes qui prennent les noms de : *voûtes surbaissées*, lorsque la distance entre les deux extrémités non raccordées est égale au grand axe de l'ovale; voûtes *surhaussées*, lorsque la distance entre les deux extrémités non raccordées est égale au petit axe. — L'anse de panier, composée de trois arcs, a conséquemment trois centres; — on construit encore des courbes en forme d'anse de panier, composées d'un plus grand nombre d'arcs, et ayant toujours un centre propre à chaque arc.

54. — *Tout angle qui a son sommet au centre de la circonférence a pour mesure l'arc intercepté entre ses côtés, et réciproquement* (N° 26); pour se rendre compte des opérations à effectuer pour obtenir le *périmètre* (développement en ligne droite) de l'ovale, il faut encore avoir recours à cette autre vérité géométrique :

55. — *Tout angle dont le sommet est sur la circonférence a pour mesure la moitié de l'arc intercepté entre ses côtés.*

56. — Le *périmètre de l'ovale* (Fig. 1), dont le grand axe a 48 millim. est égal au produit de CE ($\frac{3}{4}$ du grand axe) par 3,1416, ou :
$36 \times 3,1416 = 113$ millim.

57. — Le *périmètre de l'ovale* (Fig. 2), dont le grand axe a 54 millim. est égal au produit de IJ ($\frac{2}{3}$ du grand axe) par 3,1416, ou :
$36 \times 3,1416 = 113$ millim.

58. — Le *périmètre de l'ovale* (Fig. 3), dont les deux axes sont donnés, est égal au produit de la moyenne proportionnelle entre les deux axes par 3,1416. (Pour obtenir la moyenne proportionnelle, voir 1re Partie, nos 102 et 111.)

TRACÉ.

59. — Fig. 1 : — *Tracer un ovale allongé, son grand axe étant donné de 48 millim.* :

1° Mener le grand axe CD, et BA perpendiculaire au milieu, illimitée; — 2° diviser le grand axe en quatre parties égales; — 3° d'un rayon égal à l'une de ces divisions, et des trois points de division, décrire trois circonférences; — 4° par les points d'intersection J, K, de la circonférence du milieu avec la droite BA, mener des droites JF, JI, KG, KH, par les centres des autres circonférences; ces droites déterminent les points de raccord F, G, H, I; — 5° des points J, K, et d'un rayon JF, décrire les arcs FI, HG.

60. — Fig. 2 : — *Tracer un ovale raccourci, son grand axe étant donné de 54 millim.* :

1° Mener le grand axe IL; — 2° diviser le grand axe en trois parties égales; — 3° d'un rayon égal à l'une de ces divisions, et des deux points de division, décrire deux circonférences; — 4° par les points d'intersection M, N, de ces deux circonférences, et les centres JK, mener les droites MR, MQ, NO, NP; ces droites déterminent les points de raccord O, P, Q, R; — 5° des points M, N, et d'un rayon MR, décrire les arcs RQ, OP.

61. — Fig. 3 : — *Tracer un ovale dont les deux axes sont déterminés* ; AC de 34 millim.; — BD de 48 millim.

1° Mener les axes AC, BD, perpendiculaires au milieu l'un de l'autre; 2° joindre par des droites AB, CD, les extrémités du petit axe avec les extrémités du grand axe, l'une à droite et l'autre à gauche du petit axe; — 3° prendre l'excès du grand axe sur le petit, et le porter de A en E, de C en F; — 4° sur le milieu des droites BE, DF mener des perpendiculaires GH, IJ, dont les intersections K, H, L, J, avec les axes déterminent les centres des arcs, ainsi que deux des points de raccord G, I; — 5° par les points d'intersection H, L, J, K, mener les droites HN, JM, qui déterminent les deux autres points de raccord N, M; — 6° des points K, L et d'un rayon KB, décrire les arcs GBM, IDN; — 7° des points J, H, et d'un rayon HA, décrire les arcs GAN, MCI.

62. — Fig. 4 : — *Tracer un ovale irrégulier, le petit axe CA étant donné de 40 millim.*

1° Mener le petit axe AC, et BF perpendiculaire au milieu, illimitée; — 2° du point d'intersection O, et d'un rayon de 20 millim., décrire une circonférence; — 3° par les extrémités C, A, du petit diamètre et le point d'intersection G de la circonférence avec la droite BF, mener deux droites CE, AD, sur lesquelles se trouvent les points de raccord D, E; — 4° des points A, C, et d'un rayon égal au petit axe AC, décrire les arcs CD, AE; — 5° du point d'intersection G, et d'un rayon GD, décrire l'arc DFE.

63. — Il est encore un grand nombre de méthodes pour le tracé des ovales, mais toutes ont pour base le principe donné (n° 16) pour les circonférences tangentes, que : *les deux centres et le point de tangence ou de raccord de deux arcs doivent toujours être sur une même droite.*

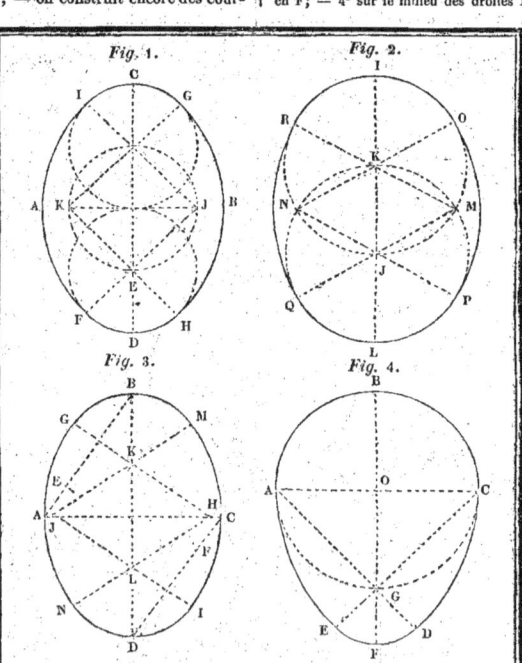

Fig. 1. Fig. 2. Fig. 3. Fig. 4.

ELLIPSE.

DÉFINITIONS.

64. — L'ELLIPSE est une courbe qui a quelque ressemblance avec l'*ovale régulier*; aussi les confond-on assez généralement. L'ellipse diffère essentiellement de l'ovale par ses procédés de construction qui lui donnent une forme plus régulière et plus gracieuse. — Une *circonférence vue obliquement* prend la forme d'une ellipse (Voir 4ᵉ Partie de ce Cours, n° 39).

65. — Comme l'ovale, l'ellipse a DEUX AXES; mais elle n'est pas composée d'arcs raccordés, n'a par conséquent pas de centres, et ne peut être tracée au compas ordinaire. — Certains instruments appelés *compas à ellipses* sont fort dispendieux, tout en présentant d'ailleurs peu d'avantage dans leur emploi.

66. — On nomme FOYERS DE L'ELLIPSE deux points E, F, (Fig. 3), placés sur le grand axe, et équidistants du point d'intersection G, des deux axes. Ce nom de *foyer* vient de ce que les planètes, en tournant autour du soleil, décrivent une courbe elliptique (en forme d'ellipse) à l'un des foyers de laquelle est placé le soleil.

67. — *Pour qu'une ellipse soit déterminée*, il faut : ou que les deux axes soient donnés; ou que les foyers et l'un des axes soient donnés.

68. — *Les deux axes étant donnés, pour trouver les foyers* : De l'une des extrémités C (fig. 3) du petit axe, et d'un rayon égal au demi-grand axe, AG, décrire un arc dont les deux intersections E, F, avec le grand axe, déterminent ces foyers.

69. — *Les deux foyers et le petit axe étant donnés, déterminer le grand axe* (Fig. 3) : Prendre la distance de l'un des foyers E à l'une des extrémités C du petit axe; cette distance portée sur la ligne des foyers, de chaque côté de l'intersection G de cette ligne avec le petit axe, détermine les deux extrémités du grand axe, A, B.

70. — *Les deux foyers et le grand axe étant donnés, déterminer le petit axe* (Fig. 3) : D'un rayon égal au demi-grand axe, AG, et de chacun des foyers, E, F, décrire des arcs qui, se coupant en C et D, déterminent les deux extrémités du petit axe.

71. — Pour effectuer graphiquement le tracé d'une ellipse, on ne s'occupe ordinairement que du tracé d'un quart de cette courbe (Fig. 1). On opère géométriquement ce tracé sur un morceau de carton mince que l'on découpe ensuite, en suivant le tracé de la courbe BE, et celui de chaque moitié d'axe BC, CD; on rend la courbe régulière en la passant légèrement d'une extrémité à l'autre, sur un morceau de pierre ponce bien unie; l'on trace ensuite sur le papier deux perpendiculaires, pour les deux axes, et l'on place successivement, dans chacun des 4 angles droits qu'elles forment, l'angle droit du morceau de carton, les sommets et les côtés des angles coïncidant exactement; on fait chaque fois glisser le crayon le long de la courbe.

TRACÉ.

72. — (Fig. 1) : — *Déterminer le tracé d'un quart d'ellipse au moyen d'arcs concentriques*, les axes étant : l'un de 46 millim., l'autre de 80 millim. :

1° Mener une droite, AB, de 80 *millim.*; — 2° du point O, milieu de AB, décrire deux demi-circonférences concentriques, l'une de 40 *millim.* de rayon (*demi-grand axe*), l'autre de 23 millim. de rayon (*demi-petit axe*); — 3° diviser un quart, AD, de la circonférence extérieure en un nombre quelconque de parties égales ou non, et par les points de division mener des rayons qui divisent ce quart de circonférence intérieure en parties proportionnelles; — 4° par les points de division du quart de circonférence intérieure, mener des horizontales illimitées; — 5° reporter les divisions de DA sur DB, et, de chaque point reporté sur DB, abaisser une verticale.

Les intersections des horizontales menées par les divisions du quart de circonférence intérieure, avec les verticales abaissées du quart de circonférence extérieure, déterminent autant de points par lesquels doit passer l'ellipse. — Plus on veut obtenir de précision, plus il faut prendre de divisions sur AD.

73. — (Fig. 2) : — *Déterminer le tracé d'une ellipse par l'emploi d'une règle* (en bois ou papier), les deux axes étant donnés, l'un de 45 millim., l'autre de 60 millim. :

1° Porter sur une règle, à partir de l'une de ses extrémités G, la longueur GE du demi-grand axe, et la longueur GF du demi-petit axe; — 2° faire mouvoir la règle en maintenant toujours le point F sur le petit axe et le point E sur le grand axe; — 3° à chaque repos, marquer un point à l'extrémité G de la règle; *cette suite de points détermine l'ellipse*.

74. — (Fig. 3) : — *Tracer l'ellipse vulgairement appelée* ovale de jardinier, ses axes étant donnés l'un de 40 millim., l'autre de 60 millim. :

1° Tracer les deux axes AB, CD; — 2° déterminer les deux foyers (n° 68); — 3° attacher à deux aiguilles un fil de la longueur du grand axe, et enfoncer une aiguille à chaque foyer; — 4° tendre ce fil avec la pointe du crayon, en le maintenant le plus près possible du papier, et tracer la courbe ACB; — 5° recommencer de l'autre côté du grand axe.

Au lieu d'aiguilles et de fil, les jardiniers emploient le cordeau et ses piquets pour tracer cette ellipse : de là ce nom d'*ovale de jardinier* qui lui a été donné.

75. — Le développement de l'ellipse est, ainsi que celui de l'ovale, égal au produit par 3,1416 de la moyenne proportionnelle entre ses deux axes.

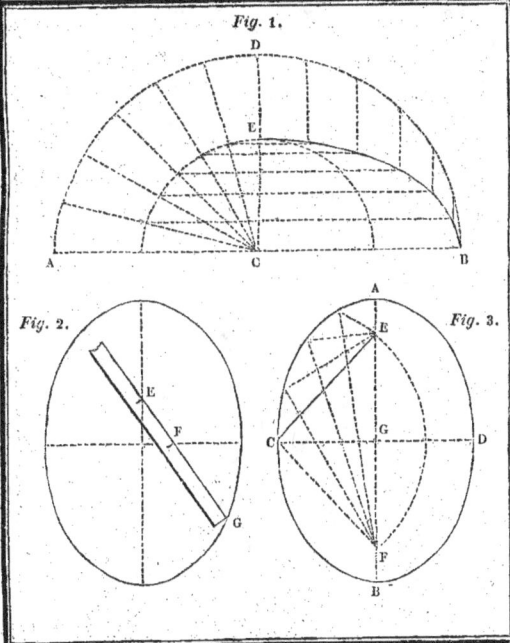

Fig. 1.

Fig. 2.   Fig. 3.

RACCORDEMENT DES LIGNES.

76. — Le RACCORDEMENT DES LIGNES consiste dans l'art d'unir plusieurs lignes entre elles, de manière à ne point former d'angles ou brisures aux points de raccord, ainsi que nous l'avons vu pour l'ovale (N°^{os} de 51 à 63).

77. — La SPIRALE (Fig. 1 et 2) est une ligne composée d'un nombre illimité d'arcs raccordés 2 à 2, et dont les points de raccord s'éloignent du point de départ d'une distance constante.

78. — La spirale (Fig. 1) n'est tracée que de deux centres, O, A; elle est composée de demi-circonférences qui se raccordent toutes sur la droite menée par les deux centres. Les arcs situés d'un même côté de cette droite sont tous tracés du même centre et sont par conséquent concentriques; ceux de l'autre côté de cette droite sont tous tracés de l'autre centre. La distance entre les deux centres est égale à la demi-distance qui doit exister entre les points de raccord ainsi qu'entre les arcs concentriques.

79. — La spirale (Fig. 2) est tracée de 4 centres, A, B, C, D; elle est composée de quarts de circonférence dont les points de raccords sont situés sur 4 droites menées par les centres 2 à 2. Ces droites, en se rencontrant, forment un carré ABCD, nommé œil de la spirale, dont les sommets d'angles sont les centres des arcs, et dont le côté est égal au quart de la distance qui sépare les points de raccord sur une même droite, ainsi qu'à celle qui sépare les arcs concentriques.

COMPAS A POMPE.

80. — Pour tracer les arcs dont les rayons sont de petite dimension, le compas ordinaire présente des difficultés qui forcent d'avoir recours au *compas à balustre* ou au *compas à pompe*.

81. — Le COMPAS A POMPE est composé : 1° d'une tige d'acier AB, surmontée d'un petit plateau E; — 2° d'un cylindre creux CD, dans lequel est un ressort qui le fait monter dès qu'il n'est pas maintenu ; — 3° d'une vis G qui sert à obtenir le rayon voulu.

USAGE :

1° Prendre le rayon nécessaire ; — 2° placer la pointe B sur le centre, et la maintenir dans cette position en appuyant l'index de la main gauche sur le plateau E ; — 3° prendre l'anneau C entre le pouce et l'index de la main droite, faire descendre le cylindre jusqu'à ce que la pointe F du tire-ligne touche le papier ; — 4° faire tourner l'anneau C entre les doigts, puis le lâcher dès que la courbe est terminée, ce qui permet au cylindre de remonter.

PISTOLET.

82. — Pour tracer les courbes qui ne peuvent l'être au compas, on se sert d'un instrument appelé PISTOLET (Fig. 5), en bois de poirier, de l'épaisseur d'une équerre. — Il est d'un grand nombre de formes; celle de la figure est la plus avantageuse.

83. — *Fig. 1 : Tracer une spirale à deux centres, les points de raccord étant distants de 6 millim.* :

1° Mener une droite indéfinie, et prendre sur cette droite les centres O, A, distants entre eux de 3 *millim.*; — 2° du centre O, et d'un rayon OA, décrire l'arc AB; — 3° du centre A, et d'un rayon AB, décrire l'arc BC; — 4° tracer les demi-circonférences concentriques à ces deux arcs, en prenant alternativement le centre O, puis le centre A.

84. — *Fig. 2 : Tracer une spirale à 4 centres, la distance entre les arcs concentriques étant de 6 millim.*

1° Tracer le carré ABCD, son côté étant de 3 *millim.*; — 2° prolonger les côtés du carré pour avoir les droites BE, AF, DG, CH, sur lesquelles se raccordent les arcs; — 3° du centre B et d'un rayon AB, décrire un arc qui se termine sur la ligne CH; — 4° du centre C et d'un rayon double du premier, décrire un arc qui se raccorde avec le premier et se termine sur la ligne DG; — 5° du centre D, etc. (continuer en allant d'un centre à l'autre.)

85. — Fig. 3 : *Tracer 6 arcs égaux 3 à 3, concentriques et raccordés 2 à 2, suivant une droite donnée AD* :

1° Diviser AD en 3 parties égales, et élever une perpendiculaire sur le milieu de chacune de ces parties ; — 2° mener AG ; par les points G, B, mener GF ; par les points F, C, mener FE ; mener ED. — Les centres des arcs seront aux points E, F, G, et les points extrêmes ou de raccord, sur les droites AG, GF, FE, ED.

86. — Fig. 4 : *Tracer 4 arcs concentriques et raccordés 2 à 2, inégaux entre eux* :

1° Des points A, C, et d'un rayon d'autant plus grand que l'on veut les arcs moins cintrés, obtenir l'intersection D ; — 2° mener les droites AD, DE, et EB parallèle à AD, etc.

87. — Pour le raccord des droites avec des arcs, il se présente 4 cas :

1er CAS : *Raccorder une droite avec un arc indéterminé* :

1° Mener une perpendiculaire à l'extrémité de la droite ; — 2° prendre le centre de l'arc sur cette perpendiculaire.

2e CAS : *Raccorder une droite avec un arc dont un point est donné* :

1° Mener une corde par le point donné et l'extrémité de la droite ; — 2° élever une perpendiculaire sur le milieu de la corde et une à l'extrémité de la droite ; — leur intersection détermine le centre de l'arc.

3e CAS : *Raccorder un arc avec deux droites parallèles* :

1° Mener une perpendiculaire aux deux parallèles ; — 2° prendre le centre au milieu de cette perpendiculaire.

4e CAS : *Raccorder un arc avec deux obliques* :

1° Diviser en 2 parties égales, par une droite, l'angle qu'elles formeraient en se rencontrant (voir 1re Partie, n° 80) ; — 2° d'un point pris sur cette droite, mener une perpendiculaire à chaque oblique ; — ce point est le centre de l'arc, et les perpendiculaires sont les rayons.

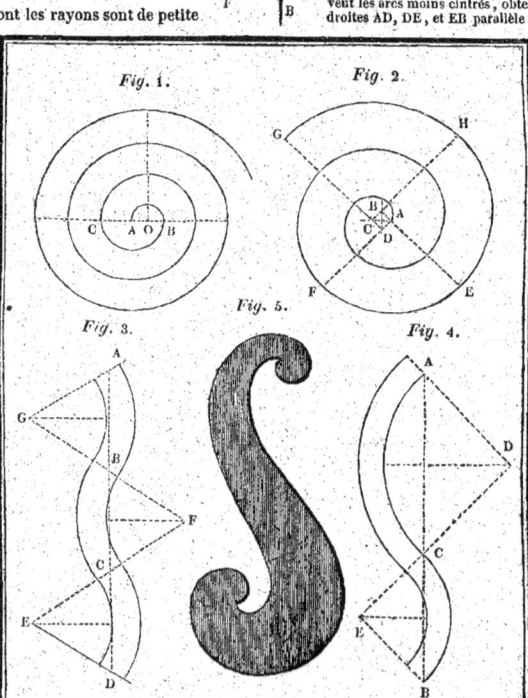

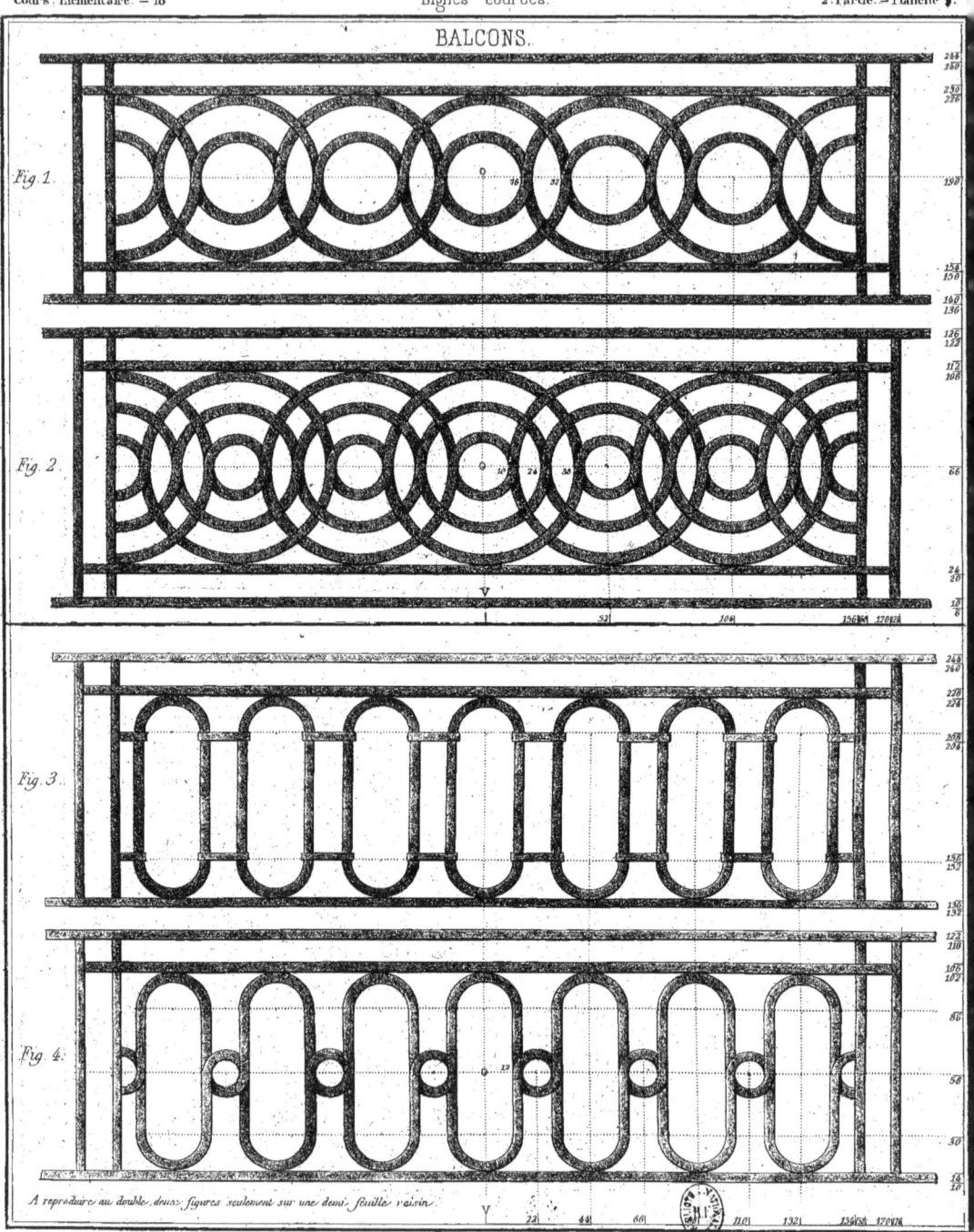

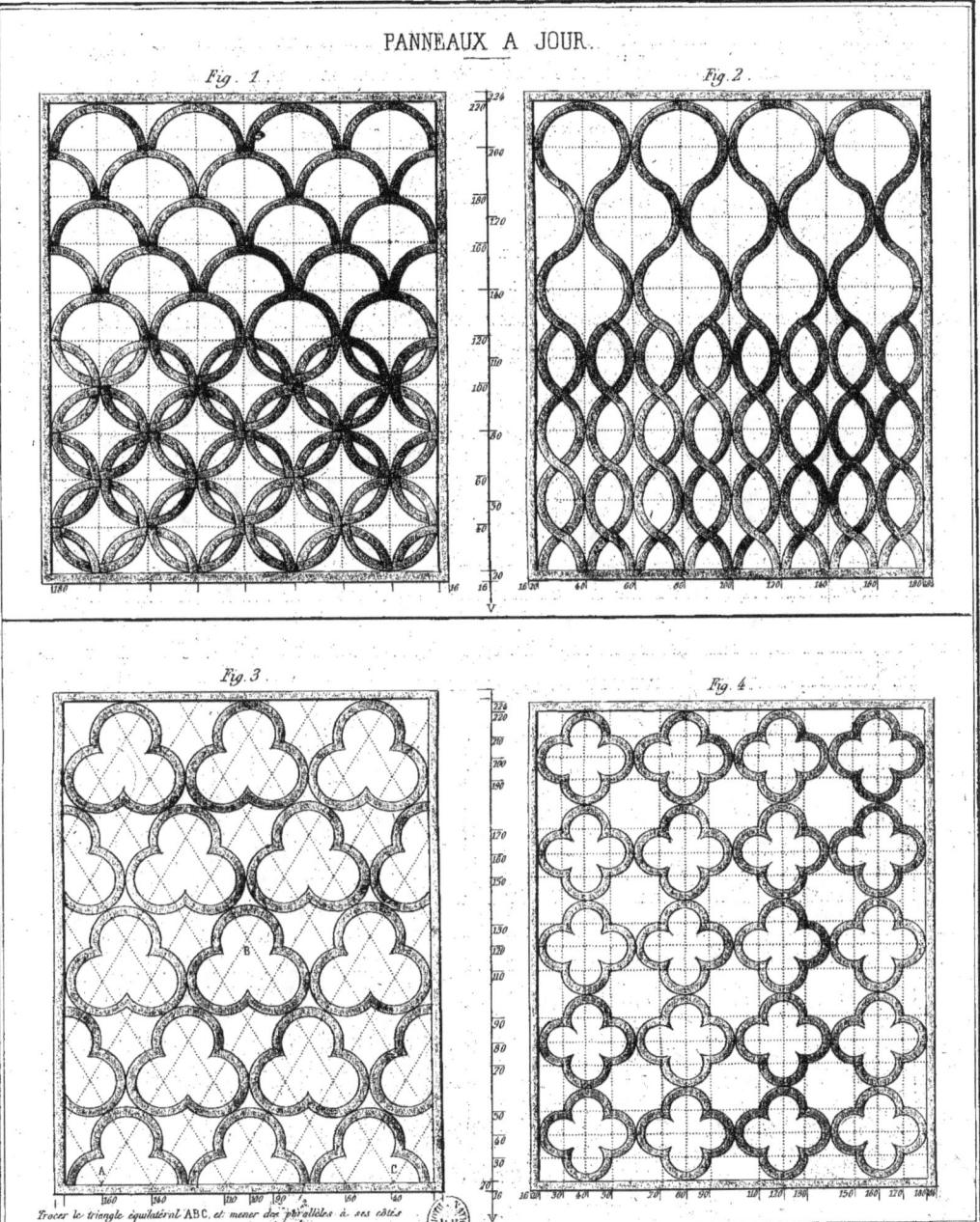

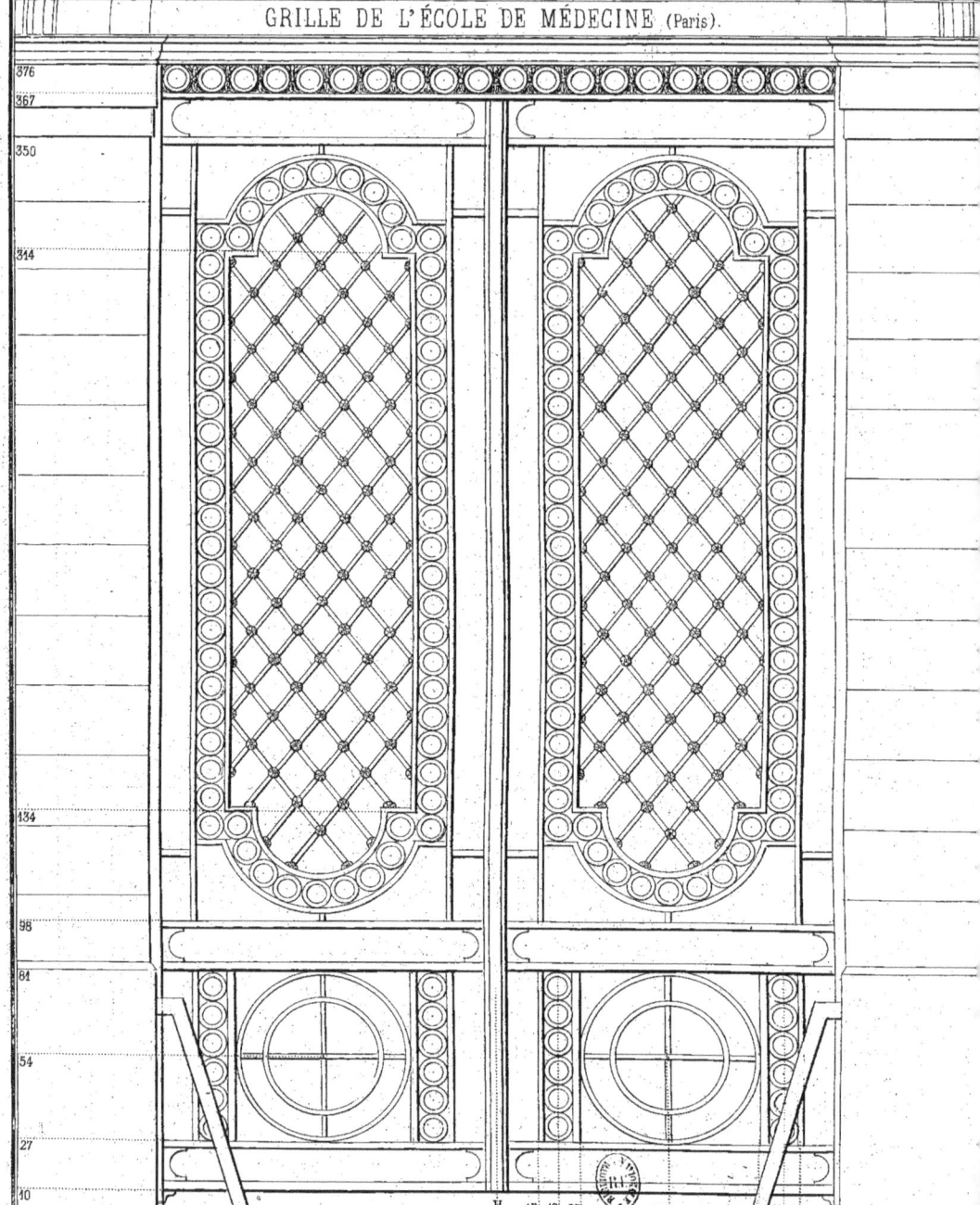

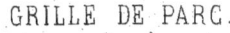

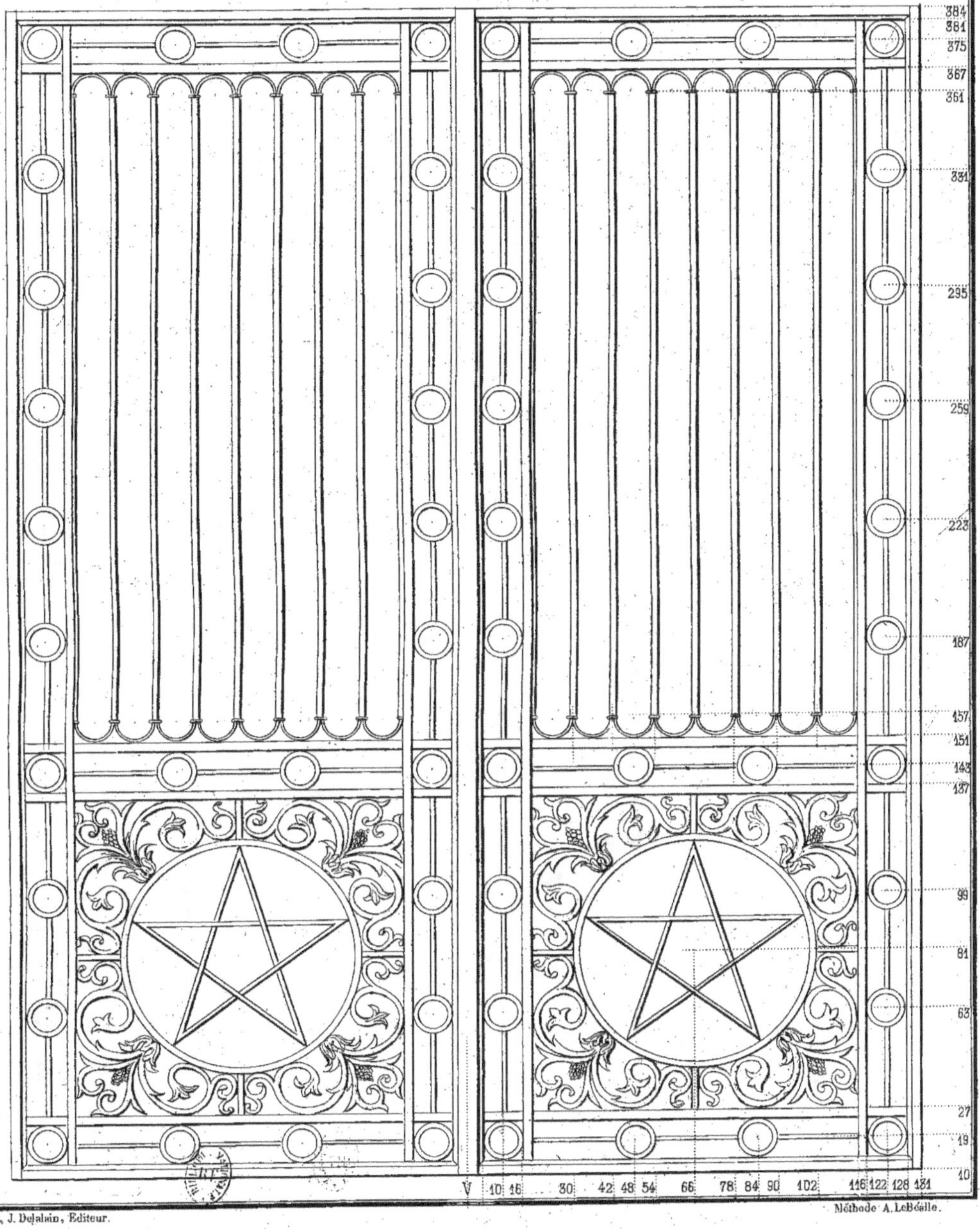

Cours élémentaire.— 21. Lignes courbes. 2ᵉ Partie. — Planche 5.

PAVILLON.

Paris, J. Delalain, Éditeur. Méthode A. LeBéalle.

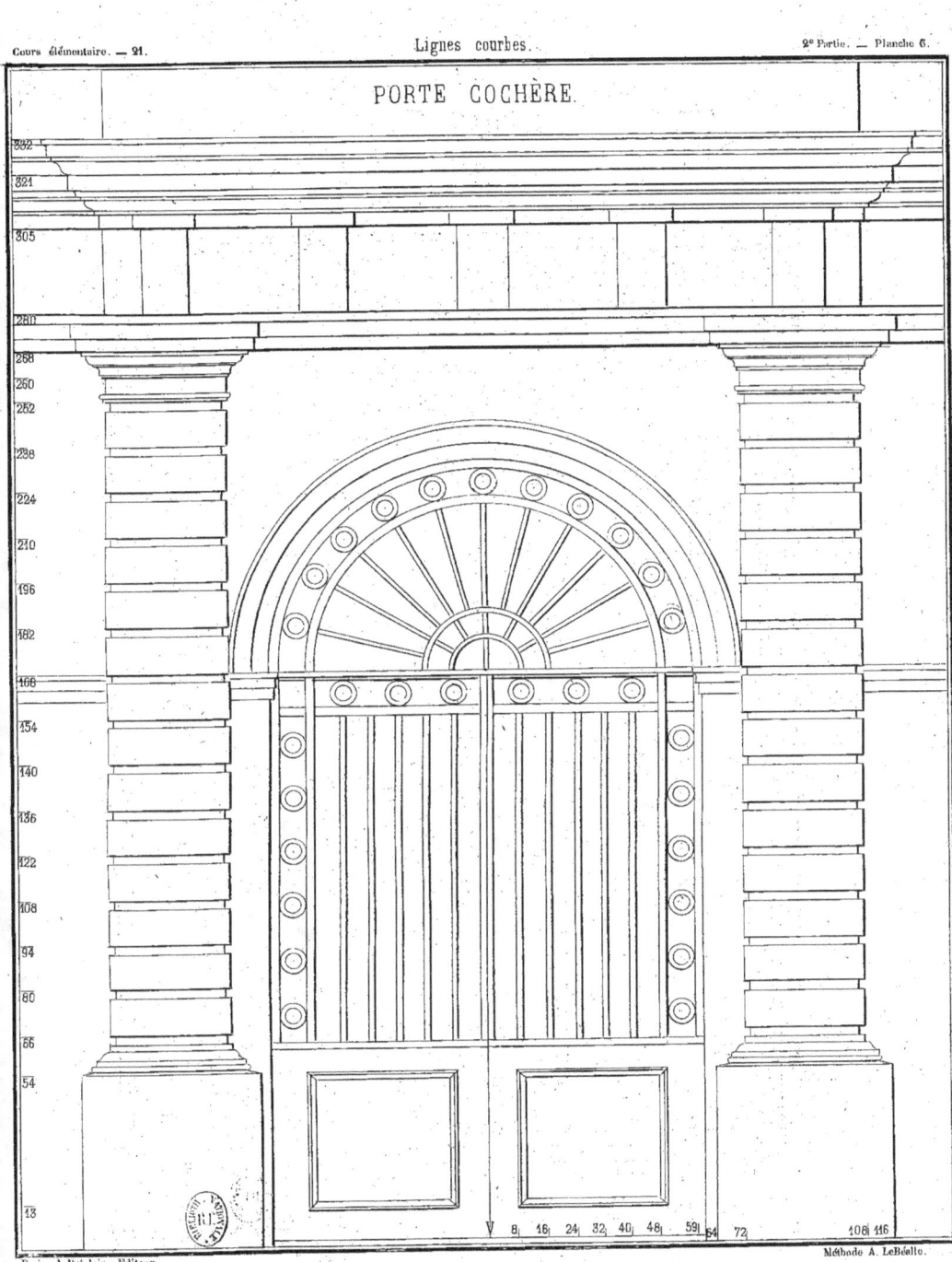

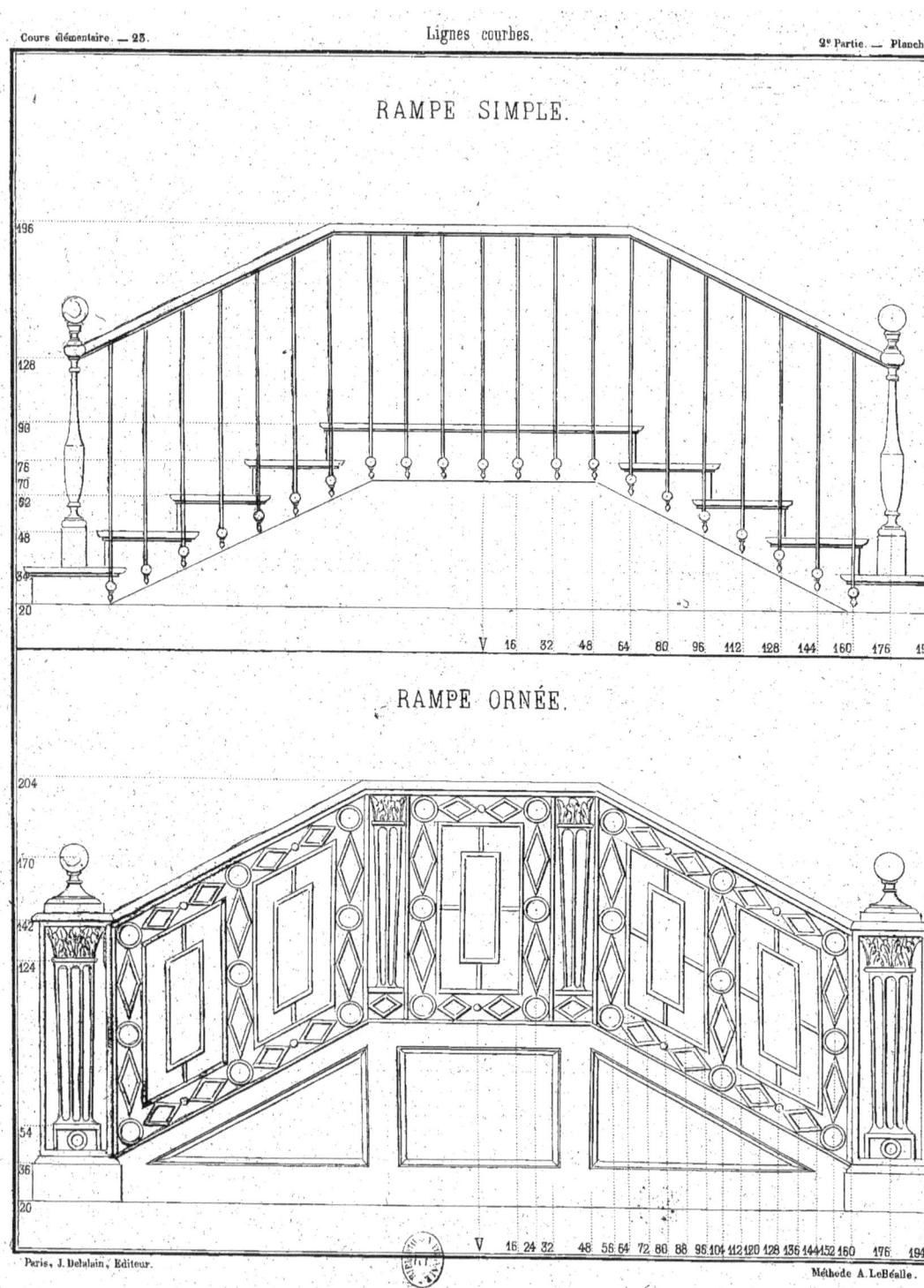

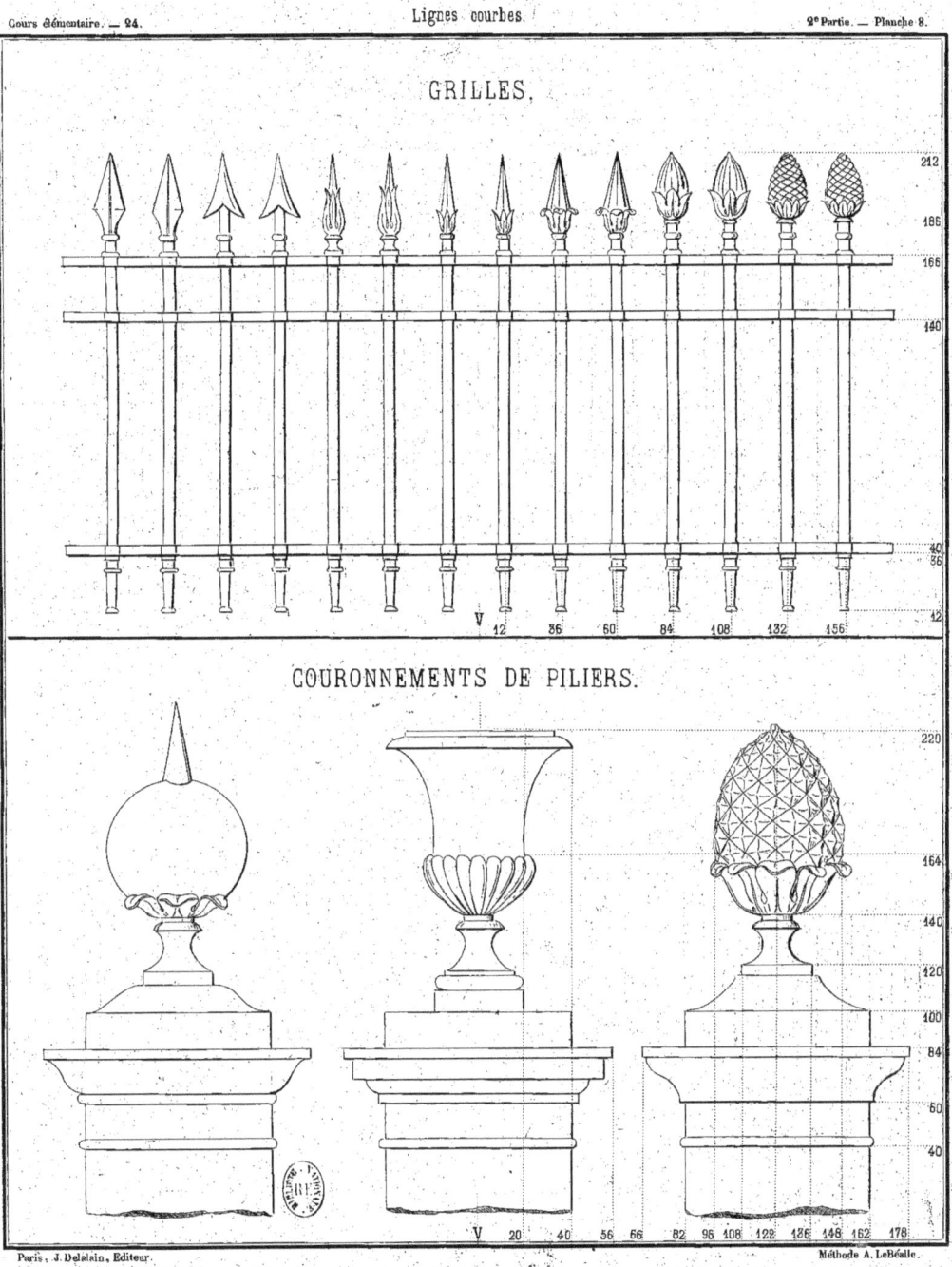

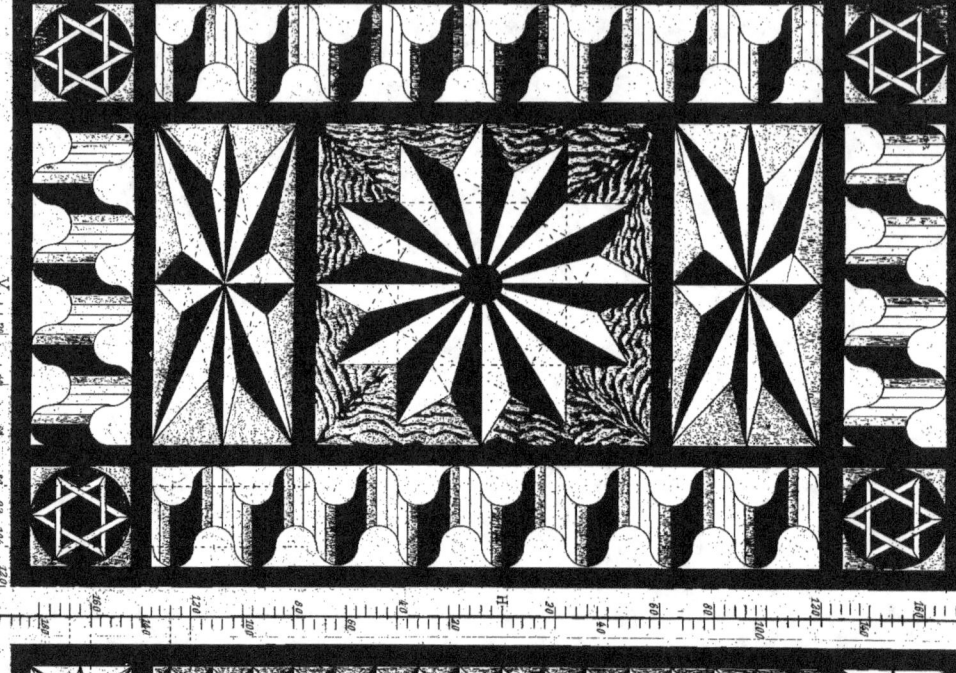
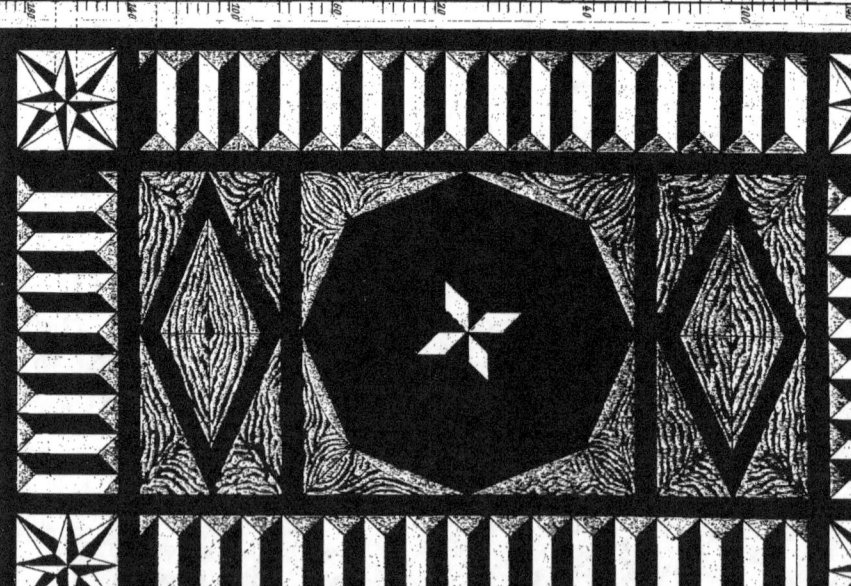

MARQUETERIE. MOSAÏQUES.

Paris, J. Delalain, Éditeur.

Méthode A. LeBaille.

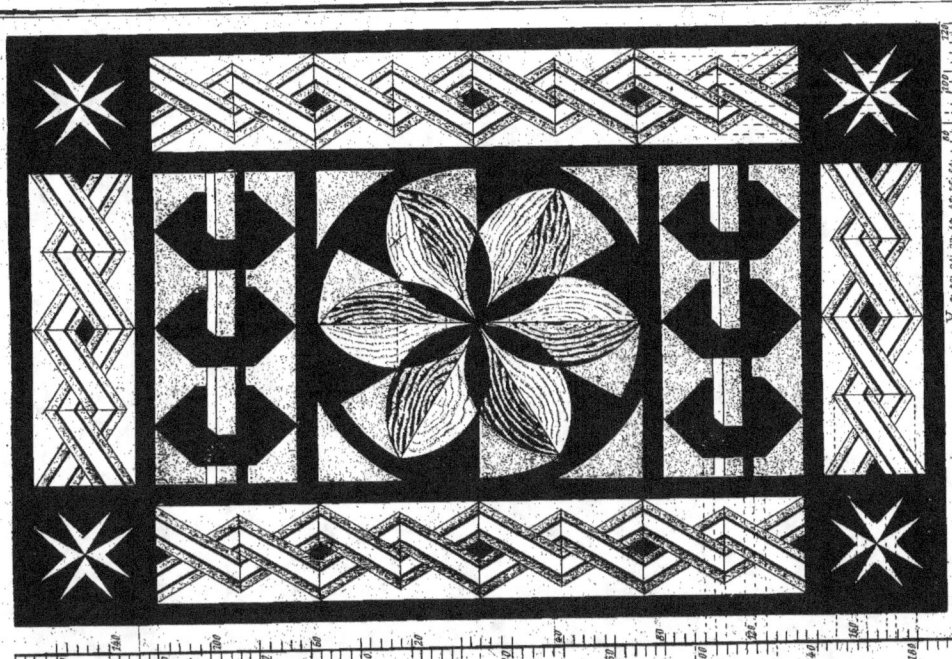

MARQUETERIE MOSAÏQUES.

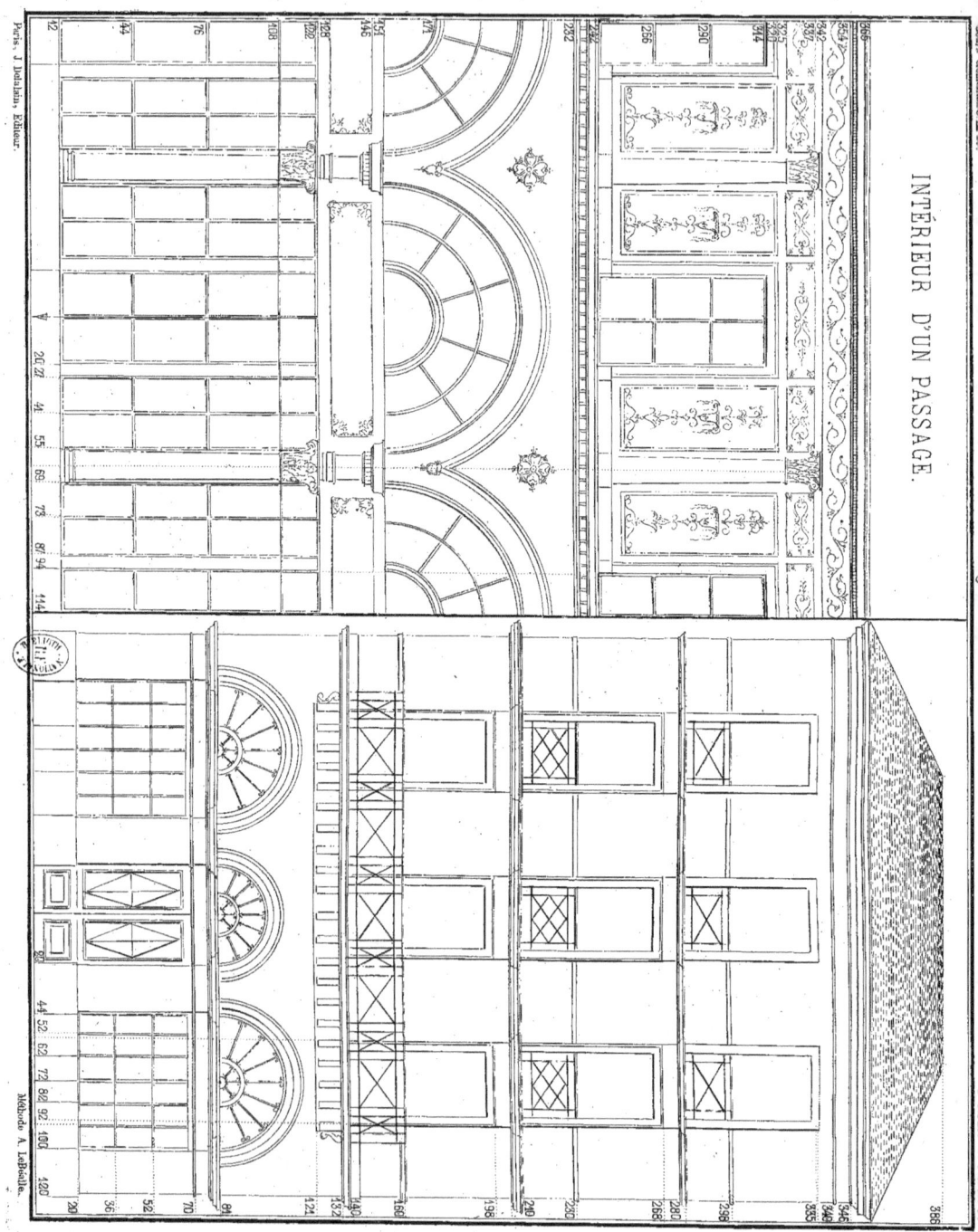

INTÉRIEUR D'UN PASSAGE.

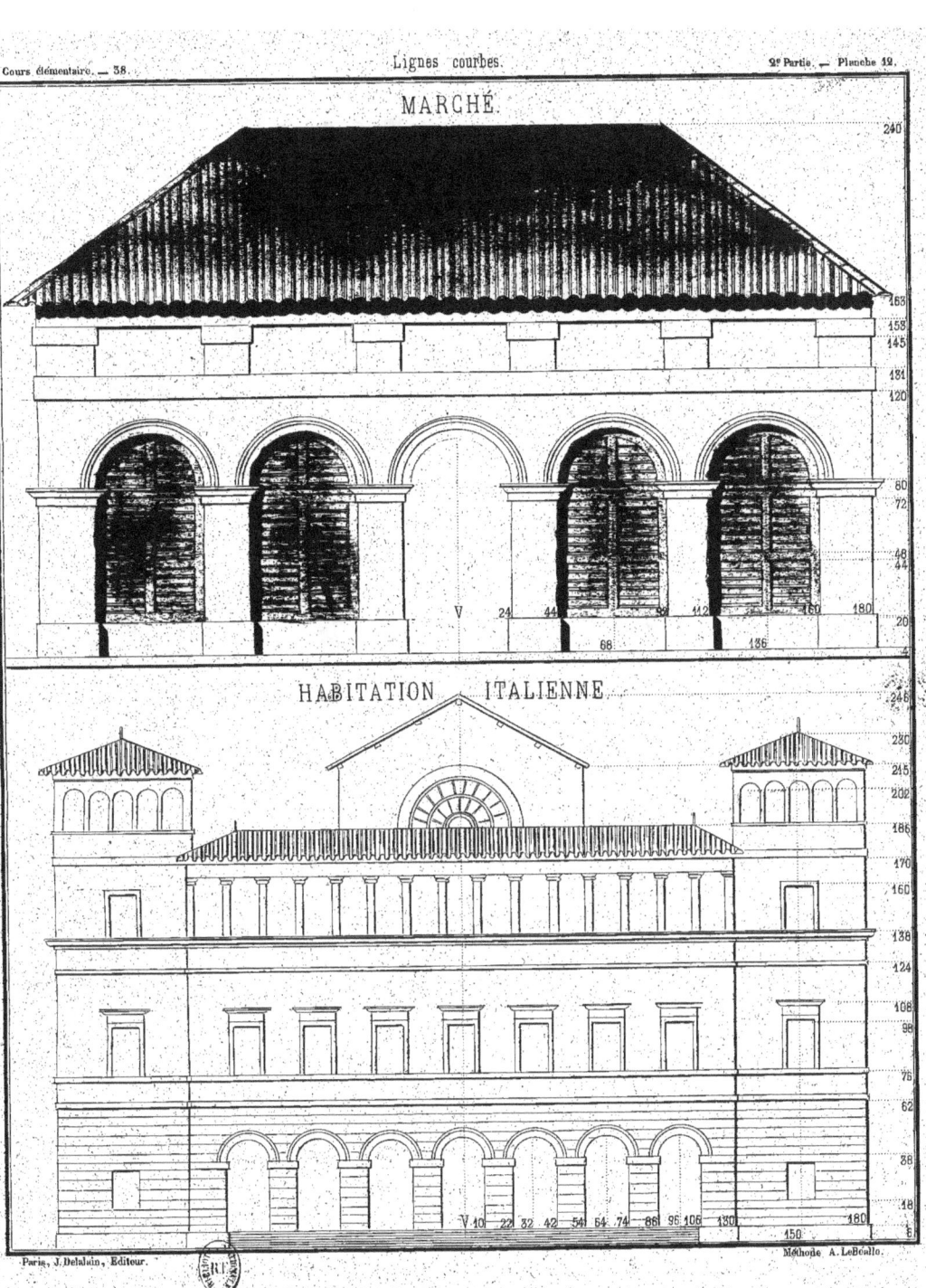

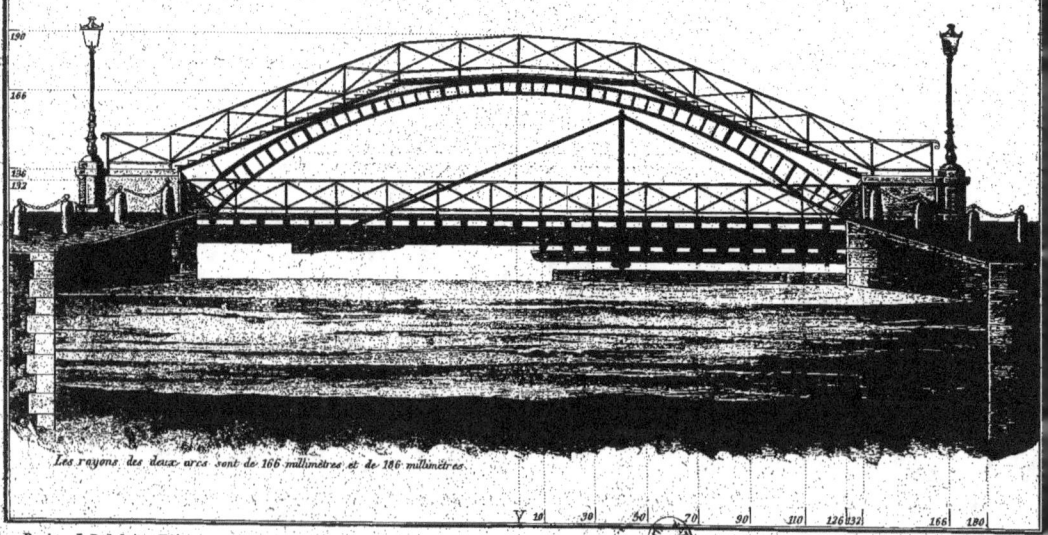

PONT EN FONTE.

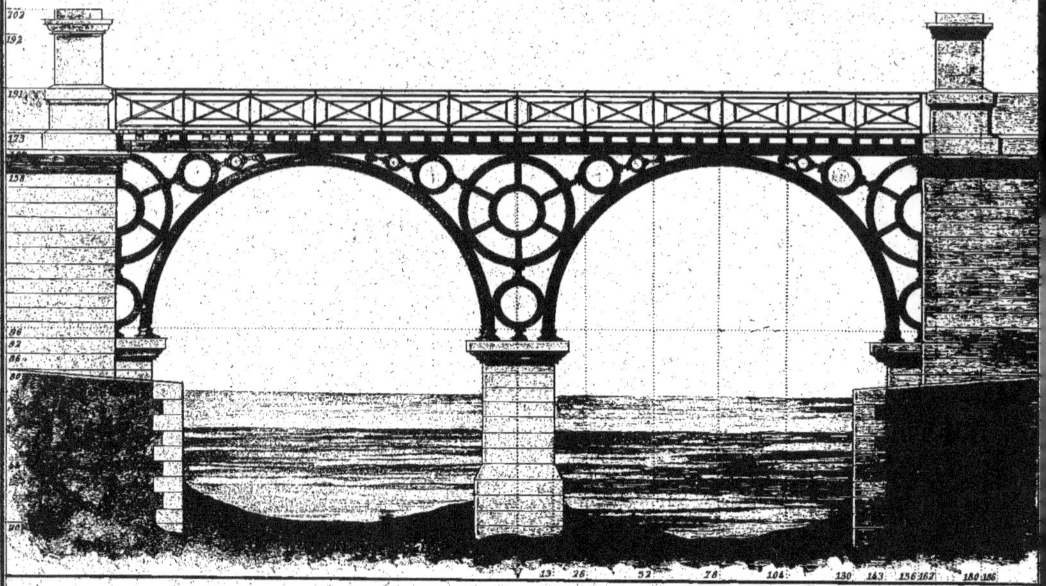

PONT EN FER
Sur le Canal St Martin (Paris)

Les rayons des deux arcs sont de 166 millimètres et de 186 millimètres.

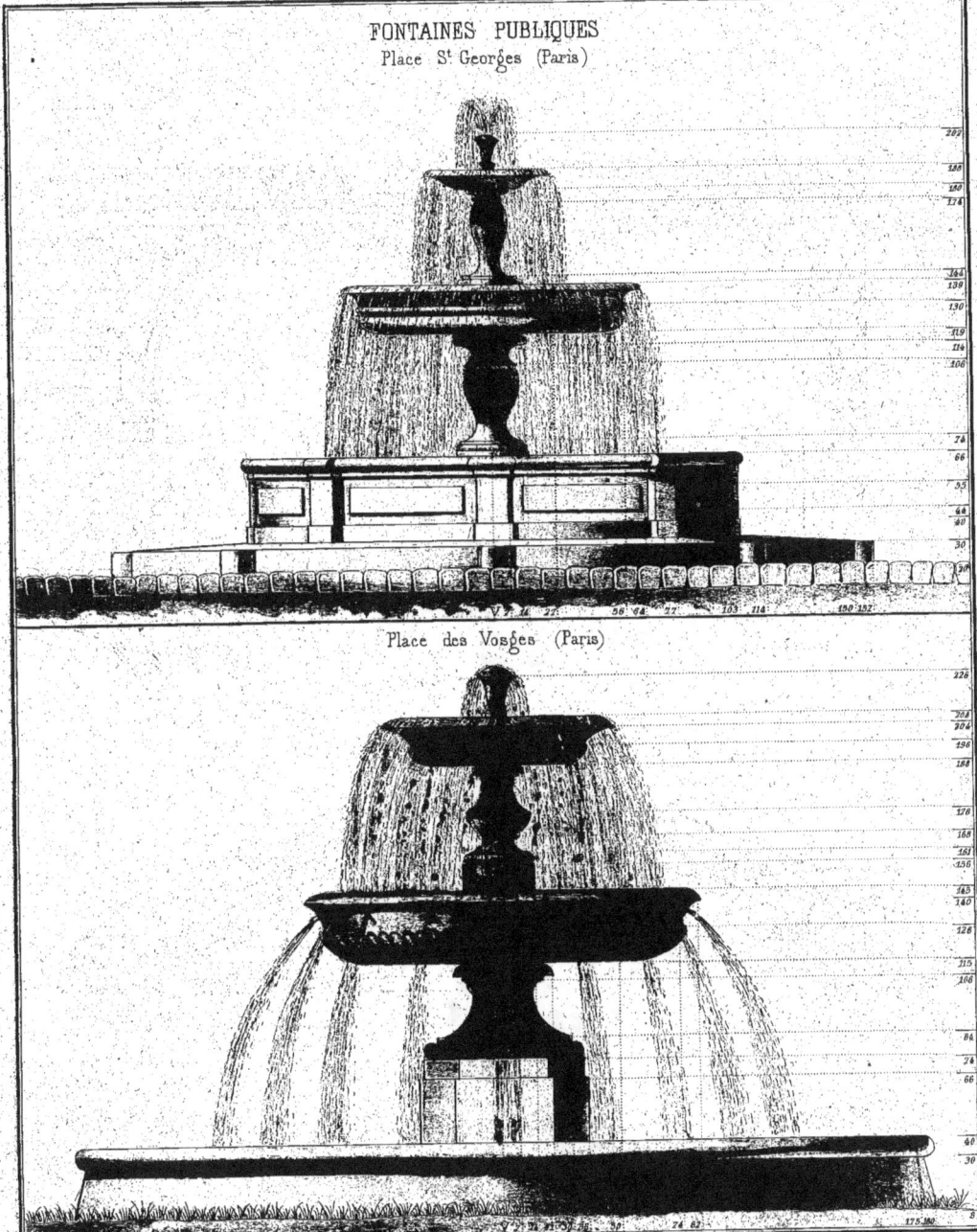

FONTAINES PUBLIQUES
Place St Georges (Paris)

Place des Vosges (Paris)

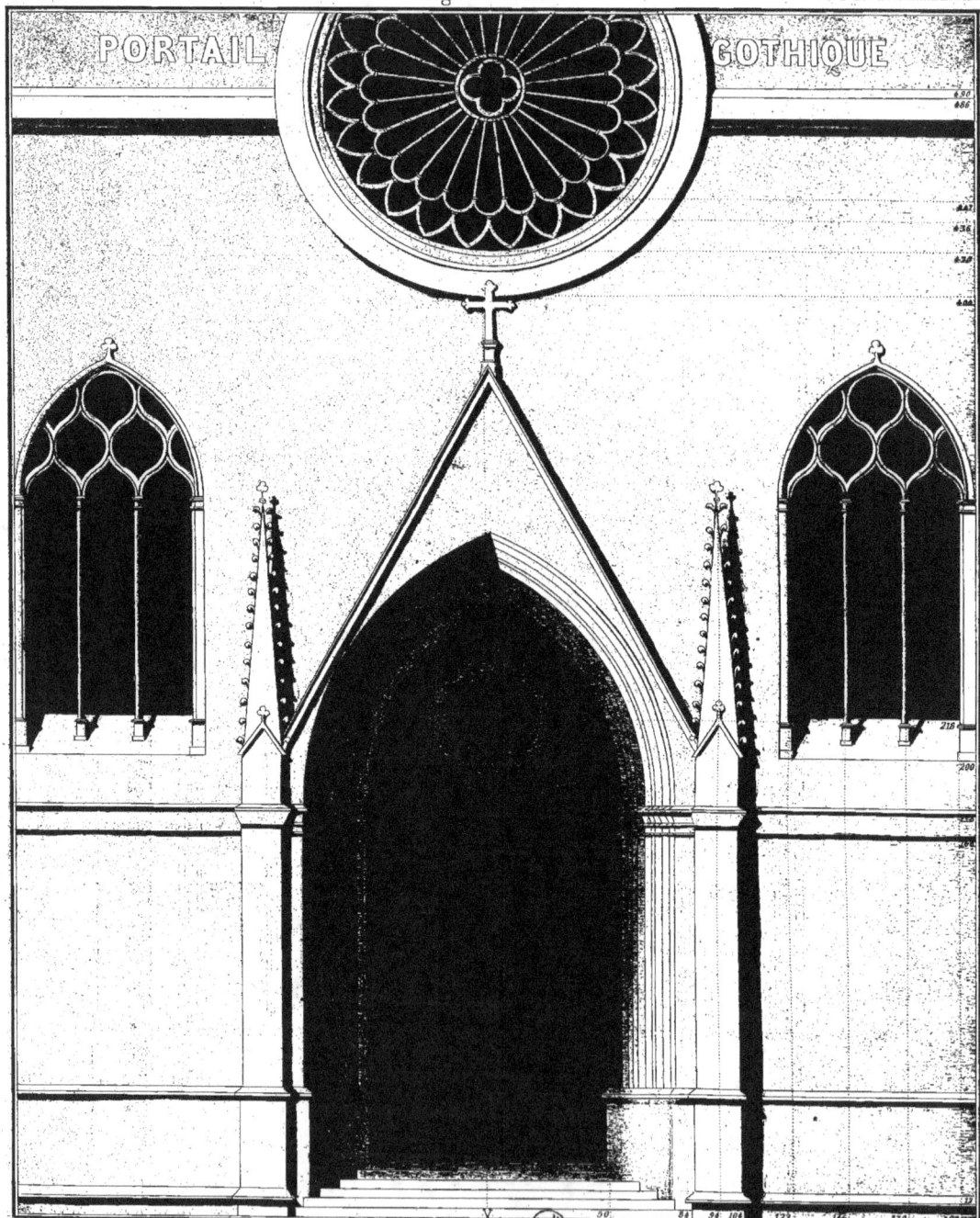

Cours Élémentaire. – 32. Lignes courbes. 2ᵉ Partie. – Planche 16.

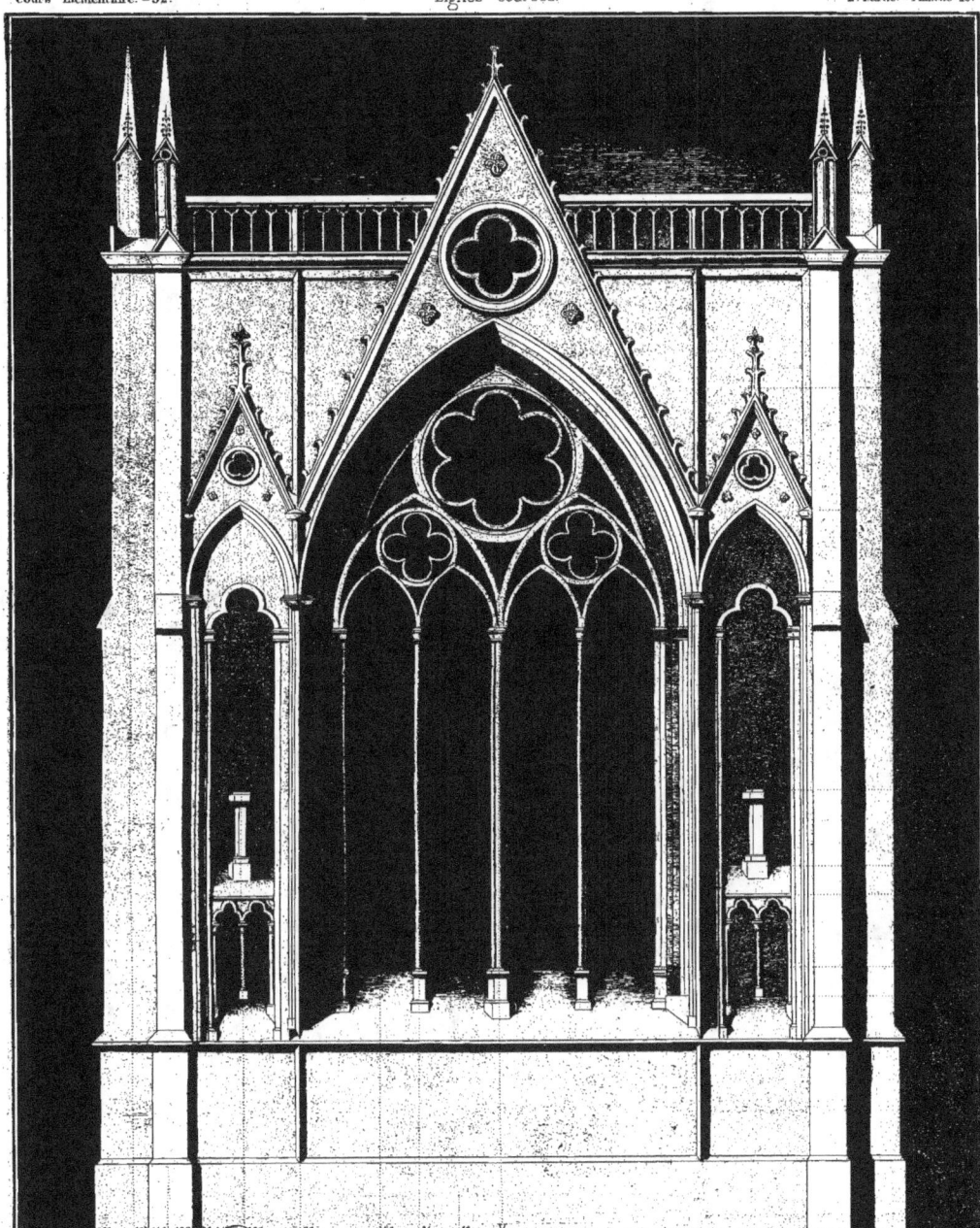

Paris, J. Delalain, Éditeur. Méthode A. LeBéalle.

www.ingramcontent.com/pod-product-compliance
Lightning Source LLC
Chambersburg PA
CBHW030053230526
45471CB00003B/1069